구순자 시집

나를 비우는 나무

나를 비우는 나무

신아출판사

시인의 말

맑은 울림의 노래였으면

'아름다운 글귀는 비단을 펴는 듯하고
맑은 노래는 구름도 멈추게 하네.'

허균의 〈매창의 죽음을 슬퍼하며〉에 나오는 시구다. 살아가는 것이 곧 외로움이요, 눈물이요, 아픔인 것을. 태어나서, 살아가고, 죽어가는 동안의 흔적, 이것이 바로 삶이기에 이 시구詩句처럼 나의 시어가 비단을 펴는 것처럼 아름답고 구름도 멈추게 하는 맑은 울림의 노래였으면 참 좋겠다.

매화처럼
벚꽃처럼
장미처럼
때로는 아까시처럼

향내 깊은 삶이요

발자취 남은 흔적이기를 바라지만

아직도 많이 부족함을 느낀다.

읽는 이들이 커피를 마시며 그 향을 음미하듯이

그들의 마음속에서

이 시어의 향기를 느끼고 은은하게 퍼지며 내면에

깊이 공감하는 끼니였으면 하고 바란다.

2011년 시인의 블랙홀에서

구 순 자

차 례

1부 바닷가에서

2부 참새와 대나무

3부 나뭇잎

4부 나의 하늘

1부
바닷가에서

벚꽃

벚꽃이
찬란히 피더니
어느새 소리 없이 지고 있네

제대로
눈 길 한 번 받지 못한 인생
저 꽃보다 더 나은 게 무언가

나 또한 언젠가
너처럼
바람에 날려
저 땅 위에 구를 것을

구르더라도
한바탕 곱게 피었더라면
그렇게 찬란히 피었더라면.

바닷가에서

1

갈매기는
파도를 탈 줄 안다

파도를
넘을 줄 안다

넘다가 막아서면
날아오를 줄 안다.

2

넘칠 것도 없는데
넘실거리며 살아야 하는 이유를

아는가
저 말 없는 등대는.

전지

머리칼 날리며
자유로이 살아온 날들

햇볕이
빠져나간 골목길

이발사가
묻지도 않고 머리를 싹둑싹둑 자른다

어휴, 고얀 것
내 꿈이 말없이 무너진다

사방에 흩어진
꿈 조각들

허나, 내 안에
또 다른 꿈이 있다는 걸
너는 모르지.

이팝나무

하얀 꽃 고운 향기
꼬불꼬불
고개 넘어 온다

배고픈 나그네
저 고봉밥 바라보니
식탐도 생긴다

새들의 노랫소리에
바람은 더욱 신나서
꽃을 마구 흔드니

해 저문 길에
허기진 아저씨 고봉밥 먹으러
재촉하는 발길.

집

내 영혼 편히 쉴 집
그런 집
하나 짓고 있지

꿈속에서
날마다
부수고 짓고
부수고 짓고

다시 지을 때마다
더 좋아지는
집.

푸르른 날은

푸르른 날은 내 유년이다
저토록 푸르른 날은
내 유년의 꿈이다

이기와 욕심도 모르는
그렇게 티 없는 날은
저 백로처럼
창공을 날아오른다

세상 욕심
다 버리고 나면
가벼워지는 법

저토록
높은 자유를 꿈꾸며
날 수 있는 것.

풀벌레 소리

어머님 여의고 나도
날마다 저렇게 울었을까

어쩌자고
저토록 울어대는가

자야지자야지 하면서
잠 못 드는 걸

풀잎에 기대어
밤새도록 우는 그대 울음에

되살아나는
나의 슬픈 기억.

복수초福壽草

환하다

숲 속 그늘 아래
내민 얼굴

산 너머 오는 햇살 앞에
길 막고 서 있는 잔설도
이젠 힘이 없다

안개 걷힌 오후
빙고처럼 얼었던 가슴 녹아내리고
슬픈 추억 다독이며 일어서는 영혼

봄이 오는가
숲 속 거기에도.

봄

벚꽃이 눈부시다

종달새는 나뭇가지에 앉아
제 짝 오기를 기다리고
벌 나비는
이슬 젖은 꽃 입술 훔치는데
나는야 이 봄을 지켜도
흘러만 간다

그대 가고
그대 사랑도 가고

한 잎 한 잎
미련 없이 보낸 마음

햇볕도 바람도
다시 필 그 꽃잎
기다리며 사는 거지.

사랑 싸움

공원을 걷다
나무 그늘에 앉았다

새들이 짝을 찾는지
이리저리 요란도 하다

자기들만의 대화로
사랑싸움을 하는지
토닥거리다가

갑자기 내 옷에
배설물을 찌이익 갈기고 간다

도대체 내가
무슨 잘못을 한 걸까.

아까시

앞마당에 서면
꽃향기가 난다

언니의 분 냄새보다 좋은
꽃향기가 난다

향기가
우리들의 손을 꼬옥 잡고
숲으로 간다

꽃잎에는
나보다 먼저 온 벌도 있다

먼저 온 벌이
꽃잎 속을 파고든다
이 꽃, 저 꽃 속을

꿀벌처럼 빠르지 못한 나도
꽃잎 따 먹고, 줄기도 모은다

줄기로는
또르르 또르르
머리를 감아서 올린다

놀다가
한참 후에 풀어 보면
엄마처럼 꼬불꼬불 꼬불꼬불
엄마를 닮아가고 있는 중이다.

씨방

우울함 가득 고인 채
산고를 겪고 있을
춥고 그늘진 방

휘이익~~~
바람 불어와
숨구멍 열어 준다면

그 힘 빌려
밝은 세상
들여다볼 수 있을 것 같은.

갈매기

갈매기는
네 소리를
기억하고 있다

부르지 않아도
무조건 달려오는 파도야

꿈이야
파도를 헤치며
고기를 잡는 일이겠지만

밀물처럼 왔다가
썰물처럼 우수수 빠져나가는
그리움

쓸쓸할 때마다
바람을 가르고
저 창공을 자유롭게 날다가
섬 바위로 다시 돌아와

날개를 접고
허전한 마음
바닷바람으로 달래야 하는.

날마다

비님만 주시고
바람만 주시고
햇빛만 주신다면

도저히 나는
그 힘을
감당할 수가 없습니다

비도
바람도
햇빛도
골고루 주셨기에

꽃도
나무도
사람도
이렇게 당신 앞에
바르게 설 수 있습니다.

사월의 노래

어둠을 깨고 나온 병아리
두꺼운 벽의 문을 열고 나온 새싹들

제 몸속에 가둔 말
휴~우 뱉으며
하늘을 보았다

이제 발돋움하는 내겐
아득히 먼 하늘이지만

그 하늘의
해와 달과 별을 보고
꿈꿀 수 있다는 걸
더 높은 이상도 있다는 걸
자라면서 알게 되었다

해도
지난밤 피곤을 털고
열정 있게 나온 것처럼,
꽃향기를 찾아 날아오르는

지칠 줄 모르는 꿀벌처럼

사월은 이처럼
하늘을 날아오르는
꿈이고 노래이다.

봄에는

봄에는
하늘보다
꽃이 더 아름답다

만인을 향한
함박웃음

매화, 개나리, 벚꽃, 철쭉, 장미
계절을 스스로 알아서 피는 꽃들

향기를 날리는 꽃잎에
몰래 키스하는 벌도 있다

사람의 입에서
별처럼
감탄사 쏟아지는 봄.

매화 축제

지천으로 핀
망울망울 꽃송이
여기에
봄이 다 모였구나

햇살 받아 더욱 빛난
속마음도
저렇듯 하얄까

천리 먼 길
설렌 마음
그 눈빛 따라
사뿐히 오는 나그네들

이 꽃
저 꽃 위로
나비 되어 날아오른다.

덕천강

산림처사 지리산 빈손으로 돌아드니
덕천강물만 먹어도 남고 남아
남명의 올곧은 기상 우뚝 선다

천왕봉 바라보이는 산천재에서
소리 높여 배우던 제자들의 음성
저 강물과 같이 흘러갔어도
스승의 대쪽 같은 마음만은
지금도 전해지고 있다

남명 조식의 얼
지리산 덕천 강물 위에
별같이 반짝이며
영원히 흐르고 또 흐를 것이다
차세대의 길잡이가 되어.

저 숲 속의 백로처럼

21세기 병원 맞은편 건지산엔
백로가 이백여 마리쯤 산다

비바람이 불어도
비행연습을 하는지
날았다간 앉고 또 날았다간 앉고

우린, 꿈의 날개 달고
저처럼 비행연습
열심히 한 적 얼마나 있는가

그들의 꿈이 숲 속에서
그처럼 쑤~욱 쑤~욱 자라고 있을 때
우리의 꿈은 삶터에서
얼마나 자라고 있는가

저 숲 속의 백로처럼.

장미의 삼각관계

장미는 이슬로
세수를 한다

바람이 와서
"개운하지?" 하며
그의 얼굴을 닦아 준다

장미는 부끄러워
얼굴이 빨개진다

해님도 장미에게
1억 5천만km에서 "사랑해"하면서
큐피트의 화살을 보내온다

장미는
어쩔 줄 몰라 하며
또 얼굴이 빨개진다

장미는, 장미는
누굴 더 좋아할까

바람일까?
해님일까?

2부
참새와 대나무

여름의 숲

푸른 물감 풀어 놓은 듯
숲은 온통 푸르다

풀벌레도 푸르게 운다
친구가 와도 푸른 벨을 누른다
심지어 계곡물도 푸르다
그곳은 사유의 세계도 푸르다

푸른 옷을 입은 소나무, 느티나무, 오동나무
누구도 흉내낼 수 없는 나무들의 행진곡이 울리면
푸른 물이 든 나무는
온 세상을 향해
하늘을 향해
눈이 달린 것들을 부른다

토끼, 다람쥐, 개미, 지렁이, 꿀벌,
거미, 나방,
햇빛과 달빛과 별빛,
사람까지도

숲이
가난한 이웃의 꿈이 되는 것은
어디든 가서 푸른 물을
한 바가지, 열 바가지, 천 바가지라도 맘껏
담아 올 수 있기 때문이다

누구도 부럽지 않은 부자가 된 여름.

참새와 대나무

참새 떼들
아침 일찍
대나무 숲으로 달려온다

한바탕
지지지 짹짹짹 지지지 짹짹짹 하더니
휘이익 ~ 휘이익 ~ 날아간다

세상 소문
그들처럼
휘이익~ 휘이익~
날아갔다 날아오고

속이 텅 빈 대나무는
무엇을 들었을까

세상 소문
미련 없이 비워 버린 대나무

비밀을 털어놓고 날아오른 참새
대나무 숲에 안긴다.

하면 된다

쓰레기더미 위에
어느 집 가훈 같기도 한
"하면 된다"는 낡은 액자

잘쓴 글씨체는 아니지만
또박 또박 살아 있는 붓글씨

"할 수 있다"라는 말보다
의지가 더 확고해 보인다

삶에 용기와 희망을 주고
다시 해볼 만한
각오와 결심을 하게 하는

절망의 늪을 헤매이다가
어느 날 문득
그래, 나도 "하면 된다"라는

인생을 역전시킬 수 있는
의미심장한 이 말 한 마디.

바람이 불면

바람이 불면
하늘도
들도
흔들립니다

흔들리는 것은
하늘에 떠가는 구름 같기도 하고
사정없이 흔들리는 갈대 같기도 하고

때로는
출렁이는 바다 위에
갈매기 같기도 한
내 마음입니다.

자귀나무(野合樹)

저녁 무렵
머리에 화관을 쓴
눈길을 끈 자귀

신혼부부 창문가에나
피어 있어야 할 그 나무
길가에
버젓이 피어 있는 것이다

낮에는
서로 등 돌리고 있다가
밤에만
가까이 다가간다는
전설처럼

밤바람 속에서
향기롭게
피어나는 사랑.

태풍 오던 날

잠을 깨운다

바람은 신나는지
오랫동안 요란도 하다

희망이 바람에 한 올 한 올 풀려 버리고
폭우에 억눌리는

무서운 것은
어둠만이 아니다

포도 알은 터지고
배는 더 이상 크지 않으며
사과는 다 떨어져 버리고
배추는 다 녹아 버렸다

배추는 금값이고
집터는 무너졌다

전쟁보다 더 무서운
성난 태풍.

피서

20년 만에 다시 찾은 곳
운일암 반일암

그때의 아이들이
성년이 되었다

구름과 햇빛만이
물 위를 건너고 즐기던
그 시절

지금은
울긋불긋 총 천연색 텐트
여기저기 서 있고

더위를 물속에
오래도록 잠복시킨 아이들

모처럼
말복을 한 방에 날려버린

심장이 부르르 떤다

그곳을
떠나기 싫은
떠들썩한 텐트 속 나.

보석보다 더 좋은

나를 반긴다

숲 속에
살아 있는 눈빛들

동박새
종달새
찔레
아까시도
못내 반가운 눈초리다

계곡에서
폭포수를 만나니
귀 기울이지 않아도

그는 이미
내 안에 들어와 무아경을 만든다

눈과 눈
마음과 마음이 통한

보석보다 더 좋은
숲 속의 푸른 하루.

꽃을 피워낸다는 것

무궁화 잎을
벌레들이 갉아 먹었다

그 속에서도
꽃을 피워내다니

고난과 역경을 딛고
꽃을 피워낸다는 것은
얼마나 아름다운 일인가

상처를 안고도
저토록 예쁘게 웃고 있다니

저 꽃송이도
어느 시인의 노래처럼
이 세상에 소풍 나왔나 보다

귀천歸天의 그날

이 세상 아름다웠다고

참으로 아름다웠노라고
말하려나 보다.

금산사에서

금산사에서
내려오다가
계곡의 나무 그늘 아래
자리를 잡았다

햇볕도 잠시 비킨 사이
바위에 앉아서
발을 담그는데
피라미 떼가 몰려들어
먹을 것이 생겼다고
발가락 사이를 파고든다

고얀 것들!
이쁜 내 발을
생존의 수단으로 생각하는.

율포 해수욕장

파도와 함께
노는 아이들

바다는
아이들의 힘찬 놀이에
몸살이 나는 하루다

어선들은
바다의 주인인 양
선착장에 서 있고

어머니의 가슴처럼
부드러운 모래 위엔
모래성을 쌓는 아이도 있다

까르르 까르르
자유를 맘껏 누리는
햇빛

석양도 길게 누워
즐거운 파도 소리 듣는다.

바다 속에는

바다 속에는
해초나라가 있다

해초나라엔
모래와 바위도 있다

몸통에 팔이 여덟 개나 달린
주꾸미도 있다

불량소년처럼
주로 밤에만 활동하는
바위틈에 사는 주꾸미

바다 속에는
주꾸미가 좋아하는 새우도 있다

일본 후쿠시마 원전 방사성 물질이 유출
지하수에 섞여 바다로 흘러들어
바다는 오염되었다

요오드와 세슘을 새우가 먹고
그 새우를 주꾸미가 먹고
그 주꾸미를 사람이 먹는다.

전주 막걸리

저마다
살아온 이야기보따리
풀어 놓는

잔과 잔을 마주치며
네 설움, 내 설움
항아리 속의 김치 꺼내듯
꺼내 놓는다

사랑 이야기 오가기도 전에
친구의 얼굴이
금세 붉다

때로는
첫사랑 이야기가 피었다 지고
상처 입고 살아온 세월이 피었다 지고

어느새
이야기 속에 비어 버린 주전자
혀가 꼬부라지고
갈지자가 된다.

짭조름한 바람처럼

캬, 한 잔 술 들고 비우고
세상 시름 잊고져 하여요

꿈엔들, 가슴엔들
바라는 바도 많고 욕심도 있지마는
이 시간만큼은 맘껏 취하고 싶어요

그대의 산만한 믿음도 깨지고
바람 따라 가버린 뒤통수가 밉기도 하여서
아픔 한 잔. 외로움 한 잔, 고독 한 잔

그대 없는 세상이지만
절망은 하지 않을래요
그렇다고
희망이 산처럼 솟은 것은 아니지만

세월이 흐르면 그댈 향한 애증도
강물처럼 흘러서
저 깊은 바다에 닿을 거예요

그래요, 바닷물은 짭조름하여
적어도 변질은 없을 테니
그곳에 서서 실컷 마셔 볼래요
짭조름한 바람처럼 변치 않는 사랑을.

춤을 추는 날은

바람이 춤을 추는 날은
파도가 잠들지 못한다

바람이 춤을 추지 않으면
파도는 고요하고 은은한 물결

바람이 춤을 추는 날엔
파도도 덩달아 신이 난다

말없이 사인만 보내도
의사소통 잘되는

바람과 파도는
환상의 커플

우리 집도
바람과 파도처럼
의사소통 잘되었으면.

바위산에서

왕벚꽃 핀 바위산에
물레방아 돌아간다

옛사랑 이야기도
돌고 돌아 나오고

하늘 품은 호수
잉어를 낳았나

꼬리 흔들며
유영하는 중이다

나뭇가지 사이엔
동박새도 사랑이 오가고

바위산에선
사랑의 불꽃이
시도 때도 없이 일어난다.

솔섬

갈매기도
해 질 무렵
제 집을 찾아갔는지
조용하다

다만
구름이 멈춰
파도의 상흔을 듣고 있을 뿐

사랑하는 이를
떠나보낸 솔섬은
하늘의 달빛만큼이나
외롭고 쓸쓸하다

긴긴 밤
그대를 불러 보지만
가고 없는 그리운 이름만
찰싹거릴 뿐.

해

해란 년
백주대낮에
담장을 훌쩍 넘고
아파트 그 높은 건물도
단숨에 넘는다

사랑하다 들킨 사람처럼
후다닥
잘도 뛰어넘는다

내일이면 또
그 시간에
담장을 뛰어넘어 올까

꽁지를
구름 속으로
감쪽같이 감춘
그 년.

점 하나

새는 날아간다

아침에도
저녁에도
비바람 불어도

그리운 점 하나 찾아가는.

다이어트

불판 위에
널브러져 있는 삼겹살

돼지우리에서
엄마도 아빠도 꿀꿀꿀 목청을 돋우더니
아기보다 먼저
불판 위에 와 있네

살았을 적에
맛있다고 냠냠 먹어대더니
제법 살이 통통하다

아가씨와 아주머니들
다이어트다 뭐다 해서
밥 안 먹고 쓰러져가는

산 사람이 안 먹는다는 것은
죽어간다는 것

지방 덩어리 없애기란

참 힘이 든다

하루, 이틀, 사흘
오랫동안 쌓였던 기름 덩어리
하루아침에 빠지지 않는다

식이요법, 운동요법
적절한 양 적절한 시간
잘 맞추어 건강하고 행복한
대한민국 미인들 만들자, 우린

3부
나뭇잎

나뭇잎

나뭇잎은 나비다
떨어지는 나뭇잎은
나비다

사뿐히 날다가
나무 아래 앉더니
도대체 날아오를 줄 모른다

무슨 일이 있는 걸까
햇빛이 가만히
그곳을 들여다본다.

고추잠자리

잔디에
불씨를 지피며
찾아든 고추잠자리

며칠 전부터
쌍쌍이 짝을 지어
사랑의 몸부림을 하더니만

푸른 공허만 남긴 채
흔적도 없이
자취를 감춘 그들을

저 바람은 알까
저 풀잎은 알까.

억새

억, 억 운다
아직도 마음은 젊은데

잘도 굴러가는 세월
늙어 가는 것에 대하여
나보다 바람이 더 슬퍼한다

써억써억 우는 바람
들판을 헤집고 다니다
내 곁에 와서는
써억써억

써억써억
한없이 운다
바람을 달래려 억새도 함께 써억써어억

강물이 흐른다
억새의 설움도 아랑곳하지 않고,
바람의 눈물도 돌아보지 않는

요즈음 아파트에서
이웃의 설움도, 죽음도 모르고 지내는 것처럼
엘리베이터를
늘 이방인처럼 탔다가 내리는

세상은 온통
찬물에 기름띠 둥둥 떠 있다.

철새

짐도 없이 살다가
짐도 없이 이사를 한다

힘껏 창공을 저으며
아들, 손자, 며느리 모두 데리고

그들은 어디로
가는 걸까

한 무리
또 한 무리

높은 산, 넓은 바다도
두렵지 않은 듯이

꿈을 찾아
먼 곳을 향하여
가벼이 날아가는.

어느 아주머니의 해

이곳 아파트 아주머니는
한쪽 모서리에 배추를 심어 놓고
아기 돌보듯 잘도 돌본다

아기 젖 주고 기저귀 갈아 주듯이
때 맞추어 물도 주고
조석으로 벌레도 잡아 준다

"텔레비전 보면 뭐가 나와,
눈만 나빠지지."
말씀하시며

빨간 고추 한 줌 따서 채반에 말리시고
머리가 우산만 한 토란대 잘라 말려 두었다가
잘게 쪼개 다시 말린다

하루가 짧은 아주머니의 해.

가랑잎

늦가을
나무 아래
수없이 떨어져 누운 가랑잎들

한때는
화려한 꿈에,
또 사랑에 붙들렸다가

어느 날
바람에 스러져
앞이 캄캄해진 것이다

어둠 속에서는
한 줄 사랑도
한 줄 시도 읽을 수 없고

갈매기처럼 파도 타는
여행은 더욱 할 수 없는 것

우리

낙엽 되기 전에
힘써 사랑하고
걸어 보고 뛰어 보고 날아볼 일이다.

어떤 사내

담배를 꺼내 물고

불을 붙여

연기를 뿜어내면

그의 표정은

공기보다 더 무겁다

하늘 위로

흩어지는

괴
로
운
그
마
음

은행

밤새
바람에 몸살을 앓다가
결국은 잎새도 떨어지고

은행도 우두둑 우두둑
사람들의 발길에 차이고 으깨져
구린내가 난다

방귀보다 더 지독한 냄새
망신살이다

정거장의 사람들은
잠시 동안이라도
이 구린내를 맡고야 만다

허나, 구워서 껍질이 벗겨지면
여린 속살과 고소한 그 맛.

오솔길을 걸으며

길을 걷는다
낙엽이 쌓인 오솔길을 걷는다
예전엔
땔나무로 쓰였던 낙엽들
아날로그 시대가 디지털 시대로 변한 지금
낙엽은 그냥 누워
서서히 그들의 거름이 될 뿐이다
능력이 남다른 나무는
꽃이 필 때를 알고, 질 때를 안다
해마다 내공을 쌓아
다시 피워내는,
그 거름이 있어
더욱 아름답게 거듭날 수 있는 것
살아 있는 자들에게
나는 죽어서
밑거름이라도 되었으면 좋겠다.

입술

장미를 바라보면
나도 모르게
가슴이 빨갛게 물이 든다

가슴에 활화산
하나씩 가지고 있는 사람들

사랑하는 사람끼린
입술에 도장을 찍는다

생긋생긋 웃는 아가에게 엄마도 그렇고
활짝 핀 장미에게 사람도 그렇고
연인들도 그렇다

웃는 얼굴에선 향기가
행복으로 전이되는
푸른 종소리가 있다.

달빛 사랑

술잔 위에
달빛이 아른거린다

가슴속에
모셔 둔 그녀가
때로는 초승달 되어

눈꼬리 길게
날 보고 흘길 때도 있지만
금방 화사한 얼굴로 다가오는 눈빛

항상 동쪽에서 발걸음을 시작하여
서쪽으로 가는 그녀는
얼굴이 점점 작아지고 수척해진다

점점 작아지는 나도
그럴 때면
가슴이 철렁 내려앉는다

사랑은

그렇게 절정에 이르렀다가
점점 내려앉는다
꽃이 피었다 지는 것처럼.

적성산 품에 잠들다 깨신 당신
– 눌인 김환태

붉은 치마 입으신 그분이
당신을 키우셨다
당신을 안아 주셨다
당신의 눈물을 닦아 주셨다

살다가 괴로우면
허락도 없이
그의 가슴을 열고 그에게로 들어가
새벽까지 풀벌레 소리 들으며
잠이 들기도 했다
꿈속에서 어머니를 만나기도 했다

어렸을 적 들로 산으로
맨발로 다니던 시절

그래서 발은 온통 피멍이 들고
소를 몰고 다니다
소와 친해졌다는
평론가님의 수필을 접하고
소박한 그의 꿈을 먹었다

일제치하에서
대항하기 위해
낮에는 학교에서
밤에는 법을 공부하다가
무리함으로 병을 얻어
고향으로 내려오신
당신의 찢어진 상처를 안고
나는 울었다

이 땅 위에 교사로 서시고,
구인회에서 활동하시고
문예평론가로서의 당신의 삶이
이 나라 이 땅 위에
기둥이 되고 빛이 되고 어둠을 밝히는
등대가 되고
정신의 지주가 되는 것

나는 안다
꿈을 포기하고 고향을 내려올 때의
만신창이가 된

당신의 심정을, 아픈 마음을,
찢겨진 양의 울음소리를 안다
승냥이 떼들이
그 큰 입 벌려 잡아먹으려 들 때에

얼마나 두렵고 무서웠을까
지지 않으려고
몸부림하다 쓰러져 가는 불꽃이여!
광복도 보지 못하고 죽어간
당신의 한을 안다
이 땅 위에 우뚝 서서
등대가 된 당신을

꺼지지 않는
대한민국의 영원한 빛이 되신 당신을
서른여섯의 나이로
이 세상을 떠나야만 했던 당신을
사랑합니다.
백성, 시인, 수필가, 소설가들
모두가 당신을 사랑합니다.

겨울나무

겨울나무는
누드모델

나목裸木으로 서서
춥지도 않은가 봐

쌩쌩 불어오는 바람도
의젓하게 맞이하고

달빛 아래
용맹한 동장군 앞에서도
더욱 요염한 저 몸뚱어리.

까치는

까치는
높은 나뭇가지 위에
제 집 하나 지어 놓고
들락이며 산다

나도
달동네에
집 한 채 마련하고
들며나며 산다

이 추운 겨울쯤이야
이 냉혹한 세상쯤이야.

일용할 양식

어둠이 내리는 저녁

쌈지 주머니 속에서
천 냥이 보고 있다

시장 구석에
팔다 남은
생강, 고구마
서너 무더기

바람 소리 스치듯
"얼마예요?" 물어 보며
그냥 지나간다

은행나무 아래서
얼고 있는
일용할 양식.

나를 비우는 나무

늦가을이면
나무도 자기를 비우기 시작한다

한 잎, 한 잎, 또 한 잎
옷을 벗는다

자신을 비우는 것은
아픔을 토해내는 일이다

이제 자기 몸의 잎이 다 떨어지면
냉혹하고 혹독한 바람과 싸워야 한다
살 떨리는 추위와 주야로 싸워 이겨내야만 한다

햇빛이랑 달빛이랑도 만날 수 있지만
부끄러운 일이다
알몸을 드러낸다는 것은

글 쓰는 일도
결국은 이와 같이 자신을 비우는 일

그동안 관심을 가졌던 세상사 모든 일
만물에게 대했던 감동을
한 글자 한 글자 토해내는 작업이다
나를 더 견고히 서게 하는 것이다

에덴동산

이 세상
아픔이 없다면 서러울 것도 없고
죄가 없다면 용서해야 할 수고도 없겠지만
날마다 쌓이는 먼지 같은 죄
바위처럼 앉아 있다

아담은 하와에게
하와는 뱀에게
죄를 전가시켰던 것처럼

꽃뱀 열둘쯤
쭈그리고 앉은
이 맘
남에게 죄를 전가시키며
사는 것은 아닐까

선악을 알게 하는
나무의 열매처럼
붉고 탐스럽게 익어가는
세상의 죄.

찌그러진 냄비는

처음부터
찌그러진 것은 아니었다

윤기 흐르고, 광이 나고
모두가 욕심을 내었다

사람들이
세파에 흔들렸다면
나는
그 사람들의 도구로
몇십 년을 흔들려 살아왔다

추어탕에라면에닭도리탕에미역국에아구찜에
쉴날없이견디어온날들

그때는 행복했다
누가 뭐래도

이제는
고구마나 삶는 찌그러진 냄비에 불과하지만

세상엔
젊은이들만의 사랑이 있는 것은 아니다
노인들도 또 한 번
불타는 사랑을 하고 싶단다

일본 시인인 시바타 도요는 백 살인데도
사랑하고 싶다 말하지 않던가

사랑은
우리들 가슴속에 살아 숨쉬는 것

활화산으로 활활 타올라서
외로움도 고독함도
잊게 하는 것.

봉분

바람이
떨어진 나뭇잎을 데리고
봉분 옆으로 간다

나뭇잎은
봉분 옆에 누워 있다

그래!
누구든 삶을 다하면 눕는다

그곳이 어디든
누가 되었든
이 세상이 아닌 곳으로
떠나간다

대통령이든 서민이든
부자든 가난하든
교만하든 겸손하든

죽어도 갈 곳이 있다면

편안해질 것인가

그곳이
천국이든 지옥이든

가지고 있는 것을
하나도 가지고 갈 수 없는 그곳
부귀도 욕심도 이기도
고개 아프게 떠받들던 교만도
가지고 갈 수 없는 것

세상에 살면서
나 아닌 이웃과 실컷 싸웠다면
이제는
그 짐도 내려놓을 수 있게 되니
봉분 속에 있는
그 몸은 참 편안하겠다.

하룻밤의 사랑

그대 사뿐히 오시는 걸음
그리움에 지쳐
하얗게 물든 그대 마음
왜 모르겠습니까

하늘하늘 바람 타고 오시는 사랑
길도 나무도 참새도
모두가 좋아하는 것을 왜 모르겠습니까

아가씨와 총각도 이웃 아주머니도
와아. 와아 눈이다!
백설이다 감동을 주는 순간
센티해지는 겨울밤에
그대는 나의 애인이고 우리의 애인이고
모든 이들의 애인인 것을

하룻밤이라도 좋습니다
때 묻은 나도
나를 그대 품에서 정화시키렵니다
세상에 욕심을 낸 것

내 영혼을 짓누르던 것들
나를 나답게 하지 않았던 것들
그대 품안에서 해결하고 싶습니다

하룻밤만이라도
그대 품에 안겨
새하얀 꿈을 꾸고 싶습니다
해님이 오시기 전에,
질투의 화살이 날아오기 전에
후회 없는 사랑 해보고 싶습니다.

4부
나의 하늘

발의 묵시록 默示錄

매일 매일
이른 아침부터 늦은 밤까지
이 육중한 몸을 데리고 다니는 당신
당신은, 나의 심장 소리를 듣습니까
나의 심장에서 가장 멀리 있는
멀리 있으면서도
내가 시킨 대로 무조건 복종하는 당신
그동안 고맙다는 말 한 마디 아니하였습니다
이 세상 가보지 못한 곳도 많겠지만
가본 곳도 얼마나 많습니까
강으로 가자면 강으로 가고
산으로 가자면 산으로 가고
아무 반항 없이, 하자는 대로 다하는
정금보다 나은 보배여
설움에 처할 때나
절망에 이를 때에도
당신은 내게서 등 돌린 적 없고

당신이 쉴 시간은
오직 내가 잠에 빠져 있을 때

그때뿐이라는 것을
그 순수한 사랑에
나는 굴복할 수밖에
구르고 넘어질 때에도
한 걸음씩, 한 걸음씩
꿈의 계단을 오르는
당신.

사람도 오십이 넘으니

A/S를 받는 것은
전자 제품만이 아니다
자동차만이 아니다

사람도 오십이 넘으니
여기, 저기
A/S 받으러 다닌다

병원과 약국을
내 집처럼 드나드는
무지함

왜 아프고 나서야
깨닫게 되는 걸까.

새야, 새야

새야
“저 산을 넘어야 행복이 있다.”고
누군가 말했지

강을 건너고
산을 넘어야 행복이 있다고 말하는
새야

마지막 희망이라고
그곳이 마지막 희망이라고
고집하는 새야

너의 생각을 굽힐 줄 모르는
둥지를 떠난 새야

그곳에서
네가 행복할 수 있다면
내가 피를 토하며
죽는 한이 있더라도
너의 행복을 빌어 주마
행복하라고, 부디 높이 날으라고.

응급실에서

"어리잖아요
아직 어리잖아요
제 아이를 살려 주세요."

그렇게
절규하는 기도 소리 들리더니

순간 통곡 소리가 멈췄다

그 꽃이 졌나 보다.

우환

영혼이 가라앉다

산을
힘차게 오르는 사람은
얼마나 행복할까

저 산을 향하여
야호! 하고 외치는 사람은
또 얼마나 행복할까

말할 수 없는 고통 속에
여러 날이 흘러갔다

산소호흡기 속에서
하루하루 살고 있는 나는
첫째도 둘째도 건강이다.

외과병동

지체 아파 찾아온 곳
얼룩진 사연
다 모였네

몇십 년 우려 먹은 수도관
여기 터지고 저기 삭아
여기, 저기 고치러 왔네

제 몸 하나 간수 못하고
살아온 바쁜 날들.

난
– 출판 기념일에 부쳐

아침마다
난 앞에 가서
얼굴을 내밀면
가슴 한편에
언니의 향이 묻어납니다

만학의 나이에도
학교에서 공부하던 동생들 주려고
김밥을 나르던 언니

넓은 가슴으로
사랑을 실천하는
바다 같은 마음

날마다
마음 가득 피어오르는
그 향기를
하늘에 올리며 취해봅니다.

어버이날 · 1
– 아버지

지게 위에서
아버지의 하루하루가 피었다 지고

새벽부터 늦은 밤까지
삽과 쇠스랑 들고
발이 닳고 어깨가 아프도록
일만 하신

배우지 못한 사람은
단지 지게를 지고 일하는 것뿐

일찍 부모님 여의시고
가장이 된 사남 중 종가집 맏아들

동생 삼 형제와
자식 삼 남매

물려받은 것은 가난뿐이지만
논밭 늘리시고
자식들만은 가르치고자 소망하시며

어깨에 굳은살쯤은 아무것도 아니란 듯이

이가 아파서 얼굴이 많이 부어도
병원 갈지 모르고 그 고통 다 참으셨다

새마을 담배로 세상 시름 잊으시고
한잔 술로 아픔 달래신
아버지, 나의 아버지.

어버이 날 · 2
– 어머니

어머니는 가수처럼
노래를 참 잘 부르셨다

라디오가 많지 않던 시절에
길 가는 사람이 노래 부르고 지나가면
얼른 따라 부르던 총기 있으신 어머니

엄마가 노래 부르면
난 수첩에 받아 적곤 했다

어머니 그리울 때엔
수첩을 열어 흥얼거려 본다

엄마 노랠
테이프에 녹음해 두었으면 좋았을 걸

그 목소리, 그 노래
다시 듣고 싶다

보고 싶어도 뵐 수 없는

강 건너가신 어머니,
사랑합니다.

어버이날 · 3
– 작은부모님

작은부모님 가슴에는
무덤이 두 개나 있다

해마다
아들, 딸 그리워 눈물짓는 마음
저 강물은 알까?

보고픔이야
가슴에서 빛바랜 얼굴 꺼내 보겠지만
상처깊은 마음이야 무엇으로 위로하리

강산이 여러 번 바뀌고
강물이 흘러 바다로 간 후에라도
잊을 수 없을까

둘째와
하나 남겨진 손주 얼굴 보며
야윈 부모님 얼굴
카네이션처럼 활짝 피었으면.

제발

병마야, 제발 나를 따라다니지 마
난, 너를 좋아하지 않아
항상 열심히 살다가도
네가 나를 따라오면
난 너무 피곤하고 힘들어

삶은 긴장을 요구하지만
그 긴장이 풀리고 나태해지면
그런 날 꼭 찾아내고야 마는 너를
이젠, 유리병 속에 가둘 거야
바이러스가 나오지 못하도록 가둬야만 해

그래, 너는 유리 병 속에 살고
나는 공기 맑은 세상에 살고
난, 난 아직 할 일이 많거든.

낙화

꽃이 지니
벌도 떠나고

새들의 울음소리만
처량하게 들리는구나

외로운 내 마음에
이별의 슬픔 남기고

새들의 장송곡에
하늘 향한 그대 영혼

그곳에서
우리를 위하여
꼭 기도하여 주소서.

나의 하늘

조각났다

아파트 건물 높이가
하늘을 자꾸만
조각내고 있다

여기저기
솟은 건물

하늘과 나의 눈맞춤
막아서고 있다.

노을

구름에 가려진 노을
참 우울하고 적적하다

뻔뻔한 엄마
벌써 5년째다

병들고, 지치고, 아픈 만큼
더욱 뻔뻔해진다

몇 번의 죽을 고비도 넘겼다

이제는
아픔에서 좀 더 멀어지고 싶다

울 엄마가 그랬던 것처럼
나도 자식에게
다정한 엄마이고 싶다

내가 아플수록
자식의 어깨가 더 무거워질 거니까

힘들 거니까

자식의 무게를
날마다
줄여 주려고 노력한다

그것이 아픔에서
멀어지는 것이기도 하니까

누가 뭐래도
사랑하는 나의 딸, 아들
너희들이 있어서 엄마는 행복하다.

무지

구름의 길과
바람의 길도
나는 모른다

뛰며, 구르며
이끼 끼지 않도록
노력할 뿐

아, 나는
나의 길도 모른다.

냉장고

냉장고는 블랙홀이다

먹다 남은 김치
여러 가지 반찬과 생선
들깨, 참깨 콩도
모두 블랙홀에 넣는다

끼니마다 꺼내 먹고
남는 것은 다시 넣어 놓는
블랙홀 1번지

건망증 심한 주부는
핸드폰과 리모콘을
그 속에 넣고
여기저기 찾아 헤매기도 한다

사랑도
보고 싶을 때,
꺼내 볼 수 있는
블랙홀 있었으면.

자전거

교회에서
체육대회 하던 날
상품을 탔다

거실에 잘 모셔 놓은
생전 처음 받아 본
행운

아들이 타고 나가
잊어버리고 온 거다

어쩔 줄 몰라 하는
아들에게

괜찮다
나에게는
어떤 상품보다도
어떤 행운보다도

네가 더 소중하고 귀하니

언제나 엄마 곁에 있어 주렴

말이 떨어지기 무섭게
가슴에 쏘옥 파고드는
나의 분신, 내 아들.

사랑하는 당신에게
– 장기 기증

남편의 소원이 장기 기증이었다
그 일은 암흑 같은 세상을 환히 밝히는 일이다
지금도 어디에선가 세상을 보지 못해 답답해 하는 사람들이 있으리라

남편은
그런 사람들에게
두 눈을 주기 위해서 일찍 세상을 떠난 것이다

하늘과 어머니와 형제와 이웃들
저 하늘의 태양과 달과 별들을
저 조그맣고 예쁜 잠자리와 참새들
이 넓은 지구에 있는 모든 것들을
보고 싶어도 볼 수 없는 사람들에게
두 눈을 주려고 앞서 가신 것이다

사람이 살다 보면
잘한 일도 있고, 잘못한 일도 있다
한 눈을 팔 때도 있고
두 눈을 다 팔 때도 있지만

그러면 나는,
다 잘했다고 자신있게 말할 수 있는 사람인가

남편은
참 성실하게 살았다
새벽부터 밤 늦은 시간까지
가난한 집안의 맏아들로서
최선을 다해서 살았다

내가 검정고시를 보려고
결단할 수 있었던 것도
남편의 한 마디 말 때문이었다

"한 번 해봐."
비가 억수같이 쏟아지는데
익산에 있는 고등학교까지
기쁜 마음으로 동행해 주었다
나는 그때 일을 잊을 수 없다

합격하고 등록금이 나왔을 때

그 자리에서 바로 등록금을 내 손에 쥐어 주었다
너무 고마운 사람이다
그때 남편이 참 멋있게 느껴졌다

남편이 43세의 나이에 뇌경색으로 떨어져서 병원에 입원하게 되었다
내게는 청천벽력이었다
열사흘 만에 병원에서 퇴원했다

수많은 날들이 그렇게
비가 오고 눈이 오고 태풍도 오고 무너지고 상처받고
그러다가,
따뜻한 봄날처럼 되었다가
다시금 태풍을 만난 나는
병원에 입원하고 퇴원하고를 반복하면서 살아가고 있다

남편의 마지막 모습은
이 세상에
사랑을 남긴 모습으로 기억하고 싶다

두 사람이나 세상을 볼 수 있다니
이 얼마나 감사한 일인가
나는 이 일에 감동을 멈출 수가 없다
나쁜 기억은 모두 강물에 띄워 버리고
좋은 기억만을 간직하고 싶다

당신은 그렇게 갔지만
다른 사람을 통한 당신의 눈
이 세상 어딘가에서
우리를 지켜주고 있다는 것을

사랑하는 이여!
잘못 살아온 것은 모두 용서하리라
우리는 신이 아니니까
그것조차도 우리의 몫이려니,
미움도 사랑의 분비물이니
나는 그대를
기꺼이 용서하고 용서하리라
그대도 나와 같기를

모자

처음부터
그대를 좋아한 것은
아니었다

머리카락이
조금만 내려와도
위로 올려 핀을 꼽던 나는

어느 날
모자를 쓴 날 보고
"잘 어울리네요."
하는 이웃 아주머니의 말 때문이었다

그래, 나는
그때부터 그녀를 좋아했던 것 같다

선물로
모자를 두 개씩이나 준비해 주던
친구도 있었다

그 중 하나는 잃어버렸지만,
제일 잘 어울리는 모자였지만,
마음이 아팠지만,
친구의 마음을 잃은 느낌이었지만

벌써
그대와 함께한 지도 십 년 세월
이제 모자를 쓰지 않으면
나를 잃어버린 느낌이 들 만큼
아찔해지는 그대 사랑!

어쩌면 미래에도 나와 함께할
나의 심벌, 그대

구름

구름은 솜사탕

혀끝에 닿으면

사르르 녹는

허무.

호흡곤란

기관지 수술 후유증이다
2010년 12월 29일 새벽 5시
두 눈에 빨간불 켜고
달려온 119

떨어질까 말까
만신창이가 된 나
아, 나는 이렇게 떨어지는 꽃잎인가 보다
해 뜨는 것도
해 지는 것도
다시 못 볼 거라 생각했다
가더라도
일몰의 아름다운 자취 남기고 싶었지만

순간, 왁자지껄한 소리 들린다
희미한 불빛이 보인다

또다시 살아난 민들레 꽃잎 같은 나는
또다시 살아갈 날을 꿈꾸게 되었다.
응급실이다.

잔잔한 파문波文으로 다가오는 그녀의 시詩

안 도
(전북펜클럽 위원장, 전북대 평생교육원 교수)

구순자의 이번 시집 『나를 비우는 나무』는 『나를 흔드는 것은 내가 아니다』에 이어 두 번째 시집이다.

구순자 시인은 전북 익산에서 출생하여 고등학교에 입학을 했지만 어머니의 병환으로 중퇴를 했다. 이후 진학의 꿈을 버리지 못하다가 마침내 불혹의 나이가 된 1999년도에야 검정고시에 합격하여 방송통신대학교를 입학, 만학의 꿈을 이루었다.

졸업과 동시에 2004년 12월 『대한문학』에 시로 등단

하여 시문학 동인인 버팀목문학회장을 역임하였으며 현재는 국제펜클럽 한국본부 전북위원회 사무국장을 맡고 있다.

구순자와는 전북대학교 평생교육원에서 문예창작 강의를 할 때 시문학도로서의 인연으로 만났다.

구순자의 시를 읽다 보면 잔잔한 파문으로 다가와 마음이 차분해진다. 시에 흐르는 시적 정서가 읽는 사람에게 안정감을 준다. 사물의 인식 과정이나 상징의 수법이 생경하지 않는데도 시의 분위기에 젖어들게 한다. 가장 평범한 것 같으면서도 평범하지 않은 사물의 형상이 시심과 잘 어우러져 있다. 그러다 보니 읽는 사람이 편안하게 읽을 수 있고 생각할 수 있는 여유를 가지게 한다. 이는 무슨 이유에서일까? 각 작품마다 담고 있는 시적 정서가 시인의 경험과 동일시되어 있다는 것이다. 그리고 작품으로서의 완성도도 높아서 시적 긴장감을 가지게 한다. 그렇다면 이 시집을 이해하는 데 가장 핵심적인 요소는 무엇일까? 그의 내면과 공간적 의식을 들여다보는 것으로 해법을 찾고자 한다.

사람과 사물, 그리고 서사와 서정의 조화

구 시인은 눈을 여러 번 질끈 감았다 뜨기를 반복한 후에야 비로소 사람과 풍경의 서사를 보기 시작한다.

구 시인의 시 문장에서 우리는 남보다 늦게 시 쓰기를 시작한 데 대한 시인의 내외적 두려움과 망설임, 그럼에도 불구하고 가슴속에서 끊임없이 넘쳐 오르던 시에 대한 애틋한 마음을 엿볼 수 있다.

그러고 나서 구 시인은 그를 망설이게 했던 모든 사념까지도 승화시켜 토해낸 자신의 시가 추구하는 궁극적 미학이 무엇인지 분명하게 단언하고 있다.

우리는 그동안 서정과 서사를 서로 다른 쪽에 놓인 문학적 본질로 인식해 왔다. 서정과 서사를 각각 다른 방향으로 추구하는 게 문학의 큰 갈래였다면 서정、서사를 동시에 유기적으로 결합하는 새로운 시도는 기성 시인들과 독자들에게 시 읽기의 또 다른 즐거움과 논란을 가져올 것임에 틀림없다.

또한 시의 가장 중요한 속성 내지 본질이라고 인식되어 온 그동안의 전통적 서정시의 시적 대상이 대체로 자연에 한정된 데 비하여, 현대 시의 다양한 조류는 오히려 그를 탈피하는 데 치중해 온 시점에서 주변과 일상의 사사로운 것에서부터 햇빛과 달빛과 별빛의 거대한 우주까지 모든 대상을 시 영역으로 확장한 구 시인의 시 쓰기는 각별하게 조명되어야 할 것이다.

> 푸른 물감 풀어 놓은 듯 / 숲은 온통 푸르다 /
> 풀벌레도 푸르게 운다 // 친구가 와도 푸른 벨을
> 누른다 / 심지어 계곡물도 푸르다 / 그곳은 사유

의 세계도 푸르다

푸른 옷을 입은 소나무, 느티나무, 오동나무 / 누구도 흉내낼 수 없는 나무들의 행진곡이 울리면 / 푸른 물이 든 나무는 / 온 세상을 향해 / 하늘을 향해 / 눈이 달린 것들을 부른다 //토끼, 다람쥐, 개미, 지렁이, 꿀벌, 거미, 나방 /햇빛과 달빛과 별빛 /사람까지도 //숲이 / 가난한 이웃의 꿈이 되는 것은 / 어디든 가서 푸른 물을 / 한 바가지, 열 바가지, 천 바가지라도 맘껏 / 담아 올 수 있기 때문이다 //

누구도 부럽지 않은 부자가 된 여름.

– 〈여름의 숲〉

구순자는 위 시의 서두에서 숲은 온통 푸른 물감을 풀어 놓은 것처럼 푸르다. 사유의 세계도 푸르다고 하면서 말미에서는 숲이 가난한 이웃의 꿈이라 표현하면서 절묘한 '미학'의 공간으로 형상화하고 있다. 또한 거기서 그치지 않고 다시 더 깊은 미학의 공간 숲이/가난한 이웃의 꿈이 되는 것은/어디든 가서 푸른 물을/한 바가지, 열 바가지, 천 바가지라도 맘껏/담아 올 수 있기 때문이다고 했다.

구순자는 숲의 서정과 인생의 서사를 잘 접목시키고 있다.

인생이 정상으로 가는 데 성공과 실패의 방법적인 차

이는 아주 작다. 작지만 그 차이는 성공과 실패라는 정반대의 결과와 엄청난 보상의 차이를 가지고 온다. 이는 인생이란 숲을 본 사람과 그렇지 못한 사람 간의 자세 차이에서 기인한다고 본다.

갈매기는 / 파도를 탈 줄 안다
파도를 / 넘을 줄 안다
넘다가 막아서면 / 날아오를 줄 안다.
넘칠 것도 없는데 / 넘실거리며 살아야 하는
이유를
아는가 / 저 말 없는 등대는

– 〈바닷가에서〉

인생은 파도와 같다. 아무리 거세고 험한 파도가 몰려와도 넘어지지 않으려 몸부림한다. 기쁨도, 환희도 빼앗아가버린 인생의 파도, 쉴 새 없이 몰아쳐도 때로는 헤아릴 수 없는 사랑으로 가슴이 벅차오르게 한다. 인생은 푸른 바다의 파도가 물결치며 밀려오는 그런 여정과 같다. 매일 반복의 나날들 때문에 사람들은 헤어나고 싶지만 오늘도 벗어나지 못한다. 그러나 갈매기는 파도를 탈 줄 안다고 했다.

구 시인은 푸른 바다의 거센 파도 물결을 가르며 나아가는 인생의 여정을 갈매기처럼 파도를 타면서 성숙한 미래를 준비하며 최선을 다해 안분지족하는 인생을 살자고 파도의 서정과 인생의 서사를 조화롭게 역설한다.

구순자의 삶의 질곡桎梏

구순자의 시는 테크닉적 묘사와 풍부한 언어적, 작가적 상상력이 타 문인과 비교해서 그리 뛰어난 편이 아닐지도 모른다. 하지만 그의 시는 가슴에서 우러나오는 진솔한 이야기를 담고 있다. 그의 이러한 시적 표현력은 그가 살아온 삶과 깊은 관계를 맺고 있다.

구순자는 어느 순간 남편을 잃고 두 아이와 함께 남은 가장이 되어버렸다.

이렇게 어렵게 살아온 그의 시에는 수려한 미사구어 없는 진솔함이 가득하다. 그의 시를 읽노라면 멍석같이 투박하지만 정감 있고 읽으면 읽을수록 익어 나오는, 마치 가슴속에서 피를 적시어 쓰는 시들이다.

전자에서도 말했지만 비록 현대시가 요구하는 표현의 묘가 다소 감소되어 있고 인간이 추구하려는 존재와 밀접한 이미지 투영은 떨어지지만 그 어떤 역경도 삭이고 잠재우며, 격조 있는 시를 산출하고 있다.

> 남편은 / 참 성실하게 살았다 / 새벽부터 밤늦은 시간까지 / 가난한 집안의 맏아들로서
>
> 최선을 다해서 살았다

내가 검정고시를 보려고 / 결단할 수 있었던 것도 / 남편의 한 마디 말 때문이었다 (중략)

남편의 마지막 모습은 / 이 세상에 / 사랑을 남긴 모습으로 기억하고 싶다 / 두 사람이나 세상을 볼 수 있다니 / 이 얼마나 감사한 일인가 / 나는 이 일에 감동을 멈출 수가 없다 / 나쁜 기억은 모두 강물에 띄워 버리고 / 좋은 기억만을 간직하고 싶다

– 〈사랑하는 당신에게〉 일부

남편을 떠나보내고 쓴 시이다. 사람의 상처 중에 보이는 상처는 아주 작다. 구 시인은 마음의 상처를 안고 극복하려 노력하지만 육체의 상처로 남는다.

A/S를 받는 것은 / 전자 제품만이 아니다 / 자동차만이 아니다

사람도 오십이 넘으니 / 여기, 저기 / A/S 받으러 다닌다

병원과 약국을 / 내 집처럼 드나드는 / 무지함

왜 아프고 나서야 / 깨닫게 되는 걸까.

– 〈사람도 오십이 넘으니〉

지체 아파 찾아온 곳 / 얼룩진 사연 / 다 모였네

몇십 년 우려 먹은 수도관 / 여기 터지고 저기 삭아 / 여기, 저기 고치러 왔네
제 몸 하나 간수 못하고 / 살아온 바쁜 날들.

– 〈외과병동〉

영혼이 가라앉다 // 산을 힘차게 오르는 사람은 / 얼마나 행복할까
저 산을 향하여 / 야호! 하고 외치는 사람은 / 또 얼마나 행복할까
말할 수 없는 고통 속에 / 여러 날이 흘러갔다
산소호흡기 속에서 / 하루하루 살고 있는 나는 / 첫째도 둘째도 건강이다.

– 〈우환〉

이러한 삶의 질곡에서 구순자 시인은 세상을 방황하면서 좌절 직전에 이른다.

구름의 길과 / 바람의 길도 / 나는 모른다
뛰며, 구르며 / 이끼 끼지 않도록 / 노력할 뿐
아, 나는 / 나의 길도 모른다.

– 〈무지〉

그러나 고단한 인생길 먼 길을 가다 어느 날 불현듯 지쳐 쓰러질 것만 같은 시기에서 마음을 기대고 일어선

다. 구 시인은 견디기엔 한 슬픔이 너무 클 때 언제나 달려가 의지하는 곳은 하나님과 시詩이다.

우울함 가득 고인 채 / 산고를 겪고 있을 / 춥고 그늘진 방
휘이익~ / 바람 불어와 / 숨구멍 열어 준다면
그 힘 빌려 / 밝은 세상 / 들여다볼 수 있을 것 같은.
– 〈씨방〉

21세기 병원 맞은편 건지산엔 / 백로가 이백여 마리쯤 산다
비바람이 불어도 / 비행연습을 하는지 / 날았다간 앉고 또 날았다간 앉고
우린, 꿈의 날개 달고 / 저처럼 비행연습/ 열심히 한 적 얼마나 있는가
그들의 꿈이 숲 속에서 / 그처럼 쑤~욱 쑤~욱 자라고 있을 때 / 우리의 꿈은 삶터에서
얼마나 자라고 있는가 / 저 숲 속의 백로처럼.
– 〈저 숲 속의 백로처럼〉

구름에 가려진 노을 / 참 우울하고 적적하다
뻔뻔한 엄마 / 벌써 5년째다
병들고, 지치고, 아픈 만큼 / 더욱 뻔뻔해진다 / 몇 번의 죽을 고비도 넘겼다

이제는 / 아픔에서 좀 더 멀어지고 싶다
울 엄마가 그랬던 것처럼 / 나도 자식에게 /
다정한 엄마이고 싶다 – 〈노을〉

어떻게 견디고 살았던가 싶을 만치 힘들고 어려웠던 일도 조용히 눈을 감고 그때를 추억하다 보면 더욱 생생하고 애틋한 그리움으로 가슴에 남아 있는 것을 보면 더욱 그렇다.

이 시간 세상이 무너지는 듯한 절망이고 고통스러운 삶의 질곡에 서 있다 할지라도 결코 이겨내지 못할 일은 없다. 자신이 가진 것의 일부를 잃었을 뿐인데 전부를 잃었다고 절망하는 것은 남이 가지지 못한 것이 보이지 아니함이요, 남이 가진 것과 비교해 조금 덜 가짐에서 오는 욕심이다. 비워야 할 것을 비우지 못한 허욕 때문이다.

구순자 시인도 숲 속의 백로처럼 다시 비상하여 엄마로서, 가장으로서 아픔을 털고 일어서길 기원한다.

자연 사랑이 각별한 구순자 시인

구순자 시인에게 자연 사랑은 누구보다 각별하다. 그가 그토록 자연을 좋아하고 사랑한 것은, 그의 시적 사상이 도道론에서는 자연섭리에서 근원 진리를 찾고, 덕

德론에서는 인간의 인정사랑보다 자연의 천정사랑을 내세우고 있기 때문이다. 또한 그가 살아온 생활의 무대가 산, 강 그리고 논, 밭 등 대자연이기 때문이다.

그의 자연의 접경은 너무 각별한 나머지 때로는 시에서 분노가 발산되는 것을 볼 수 있다. 자연을 훼손하거나 파괴하는 인간의 행위를 경멸하는, 그런 시에서는 읽는 사람으로 하여금 가슴을 오싹하게 한다.

바다 속에는 / 해초나라가 있다
해초나라엔 / 모래와 바위도 있다
몸통에 팔이 여덟 개나 달린 / 주꾸미도 있다
불량소년처럼 / 주로 밤에만 활동하는/바위틈에 사는 주꾸미
바다 속에는 / 주꾸미가 좋아하는 새우도 있다
일본 후쿠시마 원전 방사성 물질이 유출 / 지하수에 섞여 바다로 흘러들어 / 바다는 오염되었다
요오드와 세슘을 새우가 먹고 / 그 새우를 주꾸미가 먹고 / 그 주꾸미를 사람이 먹는다.

– 〈바다 속에는〉

이 시 한 수만 읽어도 그가 자연을 얼마나 사랑하고 있음을 알 수가 있다.

바다 속에는 해초가 모래와 바위와 어울려 공존한다. 주꾸미와 새우도 공존한다.

그러나 방사성 유출로 바다가 오염되고 그 결과 요오드와 세슘을 새우가 먹고 그 새우를 주꾸미가 먹고 또 그것을 사람이 먹는다.

일종의 생태계의 도미노 현상이 일어난다.

우리가 생태계에 관심을 갖게 되는 것은 우리의 생존과 깊은 관계가 있다. 환경오염은 자연에 대한 단순한 파괴가 아니라 생물과 자연과의 공존관계를 차단하여 붕괴시킨다. 대표적인 예로 환경 파괴를 들 수 있다.

이들은 자연과 인간, 환경과 사회, 생활양식까지 근본적인 변화를 가져오게 한다.

구순자 시인은 자연 파괴의 악순환을 고발하고 있다. 그러나 구순자 시인의 시들이 모두 환경 파괴에 대한 경고로만 끝나는 것은 아니고 그와는 정반대로 자연에 대한 지극한 사랑으로 자연을 사랑하는 아름다운 시들도 많다. 그러니까 자연을 너무 사랑하기에 미워지는 저주가 아니였던가도 싶다.

자연 사랑시 몇 편을 감상해 보자.

> 왕벚꽃 핀 바위산에 / 물레방아 돌아간다
>
> 옛사랑 이야기도 / 돌고 돌아 나오고
>
> 하늘 품은 호수 / 잉어를 낳았나
>
> 꼬리 흔들며 / 유영하는 중이다

나뭇가지 사이엔 / 동박새도 사랑이 오가고
바위산에선 / 사랑의 불꽃이
시도 때도 없이 일어난다.

– 〈바위산에서〉

나를 반긴다 // 숲 속에 / 살아 있는 눈빛들
동박새 / 종달새 / 찔레 / 아까시도 / 못내 반가운 눈초리다
계곡에서 / 폭포수를 만나니 / 귀 기울이지 않아도
그는 이미 / 내 안에 들어와 무아경을 만든다
눈과 눈 / 마음과 마음이 통한 / 보석보다 더 좋은 / 숲 속의 푸른 하루.

– 〈보석보다 더 좋은〉

해설이 따로 필요 없이 읊으면 그대로 자연의 아름다운 정서가 묻어 나오는 시다. 자연에 접경해서 아름다운 자연을 서경敍景하거나 자연물을 관찰한 정서를 써내는 시를 통칭해서 우리는 전원시(Rural Poems)라고 부른다. 전원시를 낭만적으로 제일 많이 쓴 시인은 영국의 시인 워드워스(Wordsworth, William)가 아닌가 한다. 여기 구순자 시인의 시들도 영국의 전원시들의 낭만적인 기풍이 풍겨난다. 가슴에서 나오는 감성이 물씬 배인 감성 시들이 주종을 이루고 있다.

숨김의 미학과 따뜻한 시선

이 시집에서 가장 두드러진 또 하나의 특징은 시인이 말하려하는 생각을 은근히 숨겨두는 것이다. 시에서의 숨김은 바로 주제와 연관이 있다. 주제가 바깥으로 드러나게 되면 독자가 생각할 수 있는 여유를 빼앗아 버리는 것과 같다. 시인이 말하고자 하는 생각을 숨겨두면 독자가 시를 읽고 '왜 그럴까?', 아니면 '어떻게 될까?' 하고 무한한 상상을 하게 된다. 이런 것이 바로 숨김의 미학이다. 요즘 많이 발표되고 있는 생활 넋두리식 시에서는 이런 숨김의 테크닉을 발견할 수 없다.

구순자의 작품이 두드러진다는 것도 바로 이런 점에서 높이 평가할 수 있다.

> 벚꽃이 눈부시다 // 종달새는 나뭇가지에 앉아/ 제 짝 오기를 기다리고 / 벌 나비는 / 이슬 젖은 꽃 입술 훔치는데 / 나는야 이 봄을 지켜도 / 흘러만 간다 / 그대 가고 / 그대 사랑도 가고
>
> 한 잎 한 잎 / 미련 없이 보낸 마음
>
> 햇볕도 바람도 / 다시 필 그 꽃잎 / 기다리며 사는 거지.
>
> – 〈봄〉

> 술잔 위에 / 달빛이 아른거린다

가슴속에 / 모셔 둔 그녀가 / 때로는 초승달 되어
눈꼬리 길게 / 날 보고 흘길 때도 있지만 / 금방 화사한 얼굴로 다가오는 눈빛
항상 동쪽에서 발걸음을 시작하여 / 서쪽으로 가는 그녀는 / 얼굴이 점점 작아지고 수척해진다
점점 작아지는 나도 / 그럴 때면 / 내 가슴이 철렁 내려앉는다
사랑은 / 그렇게 절정에 이르렀다가 / 점점 스러져간다 / 꽃이 피었다 지는 것처럼.

– 〈달빛 사랑〉

〈봄〉에서는 벚꽃이 만발한 봄날 벌 나비는 이슬 촉촉한 입술을 훔치는데 나는야 이 봄을 지켜도 흘러만 간다. 다시 필 그 꽃잎을 기다리며 미련 없이 보내는 내면적 안타까움을 노래했다. 한국적 지고지순한 여인의 숨김의 미학이 그대로 드러난다.

〈달빛 사랑〉에서는 달빛 그 이미지 자체가 우리들의 가슴을 은근히 두근거리게 한다. 어쩐지 살며시 다가오는 내 사랑일 것 같다. 그러면서 홀연히 사라진다. 술잔 위에 달빛이 어른거리면 모셔둔 님이 초승달 되어 화사한 얼굴로 다가온다. 그러면 내 가슴은 철렁 내려앉고 사랑의 절정을 느끼다가 꽃이 피었다 지는 것처럼 이내

스러진다.

아, 사랑은 이렇게 말없이 찾아와서 이토록 잠 못 들게 하는가. 사랑하는 님이여, 달빛 고요한 이 밤에 살며시 나에게 찾아와서 내 마음 달래어 주오 하면서 하소연하는 듯한 절규가 숨어 있다.

또 하나 구순자의 시적 정서를 한마디로 표현한다면 '따뜻함'이라고 할 수 있다. 그는 사물을 대할 때마다 따뜻한 이미지를 항상 바탕에 깔아두는 듯하다. 그의 시를 읽다 보면 행간에 숨겨진 온기를 느낄 수 있다. 어쩌면 그 온기가 구순자 자신의 마음가짐이 아닌지 모르겠다. 그를 대할 때마다 늘 따뜻함의 이미지를 느낄 수 있는 것도 그러한 속성과 연관이 있으리라 본다. 구순자 시인의 마음가짐과 작품의 정서는 필연적으로 만날 수밖에 없어 자신도 모르게 자기의 마음을 작품에 담게 된다.

무궁화 잎을 / 벌레들이 갉아 먹었다

그 속에서도 / 꽃을 피워내다니

고난과 역경을 딛고 / 꽃을 피워낸다는 것은 / 얼마나 아름다운 일인가

상처를 안고도 / 저토록 예쁘게 웃고 있다니

저 꽃송이도 / 어느 시인의 노래처럼 / 이 세상에 소풍 나왔나 보다

귀천歸天의 그날 // 이 세상 아름다웠다고 / 참

으로 아름다웠노라고 / 말하려나 보다.

– 〈꽃을 피워낸다는 것〉

나뭇잎은 나비다 / 떨어지는 나뭇잎은 / 나비다
사뿐히 날다가 / 나무 아래 앉더니 / 도대체 날아오를 줄 모른다
무슨 일이 있는 걸까 / 햇빛이 가만히 / 그곳을 들여다본다.

– 〈나뭇잎〉

〈꽃을 피워 낸다는 것〉에서는 잎들을 갉아 먹은 무궁화가 역경을 딛고 꽃을 피워낸 이야기다. 상처를 안고서도 예쁘게 웃고 꽃을 피워내며 천상병의 귀천을 응용하면서 세상이 참으로 아름다웠다고 말하려는 태도를 보인다. 시인의 시각이 따뜻함에서 우러나온 것이다.

〈나뭇잎〉에서도 떨어지는 낙엽을 나비로 형상화 한다. 나비가 된 나뭇잎이 무슨 일인지 도대체 날지를 못하자 햇빛이 가만히 들여다보고 어루만져 준다.

희망을 안고 출발한 21세기가 어언 10년이 흘렀다. 우리는 모두 21세기가 되면 20세기 때보다 행복하기를 기대했다. 그런데 과연 그럴까?

생태 환경은 더욱 악화되고 삶의 여유도 사라지고 자본주의의 노예가 되어 돈에 집착에서 벗어날 수도 없

다. 곡식이든 야채든 고기든 생선이든 마음 편하게 먹을 수 없고 지구온난화로 폭설과 폭우가 쏟아져 재난의 상황이 언제 닥칠지 몰라 불안해하는 사람들이 지구 곳곳에는 있다.

이런 때일수록 우리는 예술을 가까이 해야 한다. 메마른 땅에서는 생명이 싹틀 수 없듯이 우리들의 메마른 정신에서는 따뜻한 희망이 싹틀 수 없다. 늘 경계하면서 늘 조바심을 가지고 투쟁의 정신으로, 파괴의 정신으로 살아가다 보면 우리의 삶은 쩍쩍 갈라질 수밖에 없다. 세상을 바라보는 태도를 바꾸어야 하는데 우리를 둘러싼 무한경쟁의 환경이 그것을 허락하지 않는다. 그럴 때일수록 짬짬이 문학적인 사색을 하고 자기 자신과 세상을 뒤돌아보아야 한다.

필자는 바쁜 가운데에도 시를 가끔 읽는다. 시의 짧은 형식이 시간의 절약을 가져오고 순간의 미학을 느낄 수 있게 도와주기 때문이다. 순간적으로 다가오는 정서는 폭발적인 에너지를 가지고 가슴을 울린 다음 말로 형용할 수 없는 여운을 남긴다.

구순자 시인의 「긍정적인 힘」은 바로 그런 미학을 느끼게 해주는 시 중에 하나다. 이 시를 읽으면 삶의 고단함 속에 흘러드는 근원적인 인간애가 싸하게 밀려들어오는 느낌을 받는다.

우리 시인들은 여전히 경제적으로 취약한 삶을 살고 있지만 과거에도 그랬고, 앞으로도 세류에 얽매이지 않고 터벅터벅 시인의 길만 묵묵히 걷는다. 큰 것을 바라지도 않고 큰 것을 이루려고도 하지 않으며 그저 '국밥 한 그릇만큼' 따뜻한, '굵은 소금' '한 됫박' 만큼 요긴한 그 무엇으로 살아가려고 한다. 각박한 세상에 시인이란 존재가 있어 얼마나 위안이 되는가.

시인들에게 힘을 주는 일은 시인들이 세상의 이해타산에 물들지 않고 창작에만 매진할 수 있도록 하며 관심을 보여주는 일이다. 세상에서 문학이 사라지면 세상은 쩍쩍 갈라지는 황무지로 변해갈 것이다.

독자들이여! 이제부터라도 따뜻한 시 한 편 가슴에 품고 살자.

사실 문학에 있어서 활동기간이 중요한 것은 아니다. 시인이란 이름을 달고도 1년 내내 시 한 편 발표하지 않는 시인이 적지 않음을 고려하면 비록 짧지만 지난 수년 동안 시 창작에 집중해 온 구순자 시인의 문학 활동은 높이 평가받을 일이다.

더구나 구순자 시인은 고풍적 시풍과는 거리가 멀고 오늘의 현실을 작품 속에 선명하게 투영해내고 있다. 그만큼 그의 시는 진솔하다. 뿐만 아니라 깊은 사색 속에서 그의 프리즘을 통과한 시적 이미지는 측은지심에서 발화한 화사한 색깔과 온화한 사랑의 눈빛으로 넘쳐난다.

아무쪼록 건강한 가운데 더욱 좋은 시詩들을 보여주길 기대하면서 시집 출간을 다시 한 번 축하한다.

구순자 시집

나를 비우는 나무

인　　쇄 | 2011년 8월 9일
발　　행 | 2011년 8월 12일

지 은 이 | 구 순 자
발 행 인 | 서 정 환
발 행 처 | 신아출판사

출판등록 | 1984년 8월 17일 제28호
주　　소 | 전주시 완산구 태평동 251-30
전　　화 | Tel. 063-275-4000, 063-252-5633
팩　　스 | (063) 274-3131
E-mail | shina321@chol.com
sina321@hanmail.net

값 8,000원

ISBN 978-89-5925-888-8 03810

* 이 책의 발간비 일부는 전라북도문예진흥기금의 지원을 받았습니다.